Introducción 4

CAPÍTULO 1 10
Tácticas básicas 10
   Táctica individual 1 11
      EJEMPLO #1 12
         Trajes de baño 12
      EJEMPLO #2 13
         El par de zapatillas 13
      EJEMPLO #3 15
         Pasteles en la panadería 15
   Táctica individual 2 16
      EJEMPLO #1 19
         El scooter 19
      EJEMPLO #2 20
         Pequeños muebles en el mercado 20
   Tácticas simple 3 22
      EJEMPLO #1 24
         La pantalla del ordenador 24
      EJEMPLO #2 26
         El sofá 26
   COMBINAR TÁCTICAS SENCILLAS 29
   Combo #1 29
   Combo #2 30
   Combo #3 30

CAPÍTULO 2 32
Tácticas complejas 32
Táctica compleja 1 33
EJEMPLO #1 35
El pequeño híbrido de Toyota 35
EJEMPLO #2 37
El Bungalow 37
Táctica compleja 2 39
EJEMPLO 43
Táctica compleja 3 44
EJEMPLO #1 46
El préstamo del apartamento 46
EJEMPLO #2 47
El par de zapatillas para correr 47
COMBINAR TÁCTICAS COMPLEJAS Y SIMPLES 49
Combo #1 50
Combo #2 50
Combo #3 51

CAPÍTULO 3 53
La posición del vendedor 53
1 - "ATREVERSE A PREGUNTAR". 54
2 - "DIVIDIR LA DIFERENCIA EN 4". 54
3 - "VIVIR MI VIDA" – "EL SILENCIO ES ORO" 56
"DAR Y RECIBIR" – "JUEGO DE ROLES" 56

CAPÍTULO 4	57
Lo que aprendí de mis fracasos	57
Comentario 1:	58
Observación #2:	59
Observación nº 3:	59
Observación nº 4:	60
Observación nº 5:	62
Observación nº 6:	63
Comentario #7:	64
Comentario #8:	65
Comentario #9:	67
Capítulo 5	69
Esto es sólo el principio	69
Conclusión	72

Introducción

Si quiere aumentar su poder adquisitivo, ¡no hay 100 soluciones!

Opción 1: Ganar **más.**

Opción 2: Gastar **menos.**

Para ganar más, todo es posible, pero desgraciadamente no suele ocurrir de la noche a la mañana.

- Cambiar de trabajo,

- Crear su negocio,

- Ganar la lotería,

- Inventar algo súper innovador,

- etc, ...

Para gastar menos, todos sabemos cómo adaptar nuestro estilo de vida a nuestros ingresos.

- Comprar menos

- Buscar gangas

- Gestionar las prioridades (lo que significa menos vacaciones, por ejemplo, o menos tiempo de ocio)

- etc, ...

Ahora tengo una pregunta para usted: ¿Con qué frecuencia intenta negociar para mejorar su poder adquisitivo? No hablo de negociar con su jefe (que en el 90% de los casos le dará un pequeño aumento del 1 al 2%).

Estoy hablando de negociar a diario. Sí, todos tenemos acceso a la negociación y, por desgracia, muy pocos la utilizan. Sin embargo, el efecto positivo en su billetera es casi inmediato. Recupera al instante el poder adquisitivo.

Al leer estas líneas, algunos pensarán: "¡Bueno, yo negocio cuando compro cosas grandes! Un sofá, una cocina, una casa, un coche, etc... ¡Pero para lo demás no sirve!

No se engañe, porque al igual que las gotas de agua que forman arroyos, los arroyos que forman ríos y los ríos que forman mares, ¡cada euro que negocia cuenta! Cada euro que gana negociando es dinero que ahorra y que puede gastar en otras cosas o en mejorar su vida.

Piénselo: a menudo es más fácil ganar 5, 10 o 20 euros en pequeñas compras varias veces al año que ganar 1.000, 2.000 o 5.000 euros en una gran compra. Al negociar, también puede conseguir más por menos.

Este libro le permitirá ingresar más dinero en su bolsillo y tomar el control de su destino. Está dirigido a todos aquellos que quieran descubrir cómo utilizar la negociación en el día a día para aumentar su poder adquisitivo sin tener que esperar siempre a hipotéticas subidas de sueldo o a la aprobación de una ley por parte del gobierno que, en última instancia, tendrá muy poco efecto en su billetera.

El objetivo es hacer accesible la negociación, basándose en un enfoque sencillo y apoyándose sistemáticamente en ejemplos muy concretos de la vida cotidiana. Ejemplos que han funcionado en la vida real.

Siguiendo las recomendaciones y tácticas presentadas, tendrá las claves y la base práctica para ver resultados rápidamente.

Como me gusta decir a menudo, se aprende a caminar antes de aprender a correr. Una vez que se sienta cómodo después de los primeros pasos, los siguientes capítulos cubrirán enfoques más complejos. Estos enfoques serán más útiles para sus "grandes compras" y le permitirán obtener un descuento mucho mejor que el "habitual" que todo vendedor saca de la manga para hacer sentir a su cliente que está haciendo un buen negocio.

¿Y sabe qué? La cereza del pastel: ¡una gran mayoría de estas técnicas para negociar "comprar mejor" también pueden utilizarse para vender mejor!

Un poco de información sobre mí ya que creo que es importante que sepa quién está escribiendo este libro.

Trabajé para grandes empresas industriales multinacionales durante más de 20 años y viajé por todo el mundo haciendo negocios. Negociar grandes contratos multimillonarios, conseguir nuevos clientes, adquirir empresas, luchar por subir los precios, etc... ese era mi día a día.

Mi formación académica es muy atípica, ya que empecé con estudios en ingeniería eléctrica y luego me orienté hacia el marketing, las ventas y las finanzas.

No sé si tiene importancia o si explica parte de mi trayectoria profesional, pero durante todas las cenas de mi infancia y adolescencia escuchaba las historias de mi padrastro sobre su trabajo. Era director de ventas en una gran empresa francesa (posteriormente comprada por AIR LIQUIDE). Mi madre y yo teníamos un informe completo todos los días (no es broma, ¡era todos los días!) sobre su día, entrenando a los vendedores, negociando con los clientes, etc. .... Sé que no parece muy divertido, pero no creo que tuviéramos mucho de qué hablar aparte de eso.

Más recientemente, me convertí en freelance para ayudar a las empresas con sus problemas de crecimiento y también creé 2 empresas.

Son estas experiencias y aprendizajes los que me permiten hoy compartir con usted los mejores consejos y técnicas para mejorar su poder adquisitivo diario.

Con este libro, tengo dos objetivos:

- El primero es que pueda ver resultados concretos rápidamente.
- El segundo es recibir su opinión y sus comentarios, porque estoy seguro de que muchos de ustedes tendrán ideas y buenas prácticas que compartir.

A veces, cuando leo libros o escucho podcasts de gente que habla de lo geniales que son y de cómo nos van a enseñar a hacernos ricos, me pregunto por qué se molestan... Al fin y al cabo, ¿no estarían mejor en la playa con un cóctel en la mano?

Algunos de ustedes pueden estar pensando lo mismo de mí.... Si soy el rey de la negociación, ¿por qué me molesto en escribir un libro? La respuesta es sencilla: CONVICCIÓN Y PASIÓN. ¡Me encanta y lo disfruto mucho!

Basta de hablar de mí, ¡ahora comencemos!

En lugar de un gran libro teórico con mucha palabrería, quería crear un libro accesible para todos, con diagramas sencillos y situaciones de la vida real.

¿Cómo se organiza?

I. La primera parte del libro se centrará en las tácticas básicas.

II. La segunda parte estará dedicada a técnicas más complejas.

III. En la tercera parte se extrapolarán las técnicas más relevantes a utilizar cuando se esté en el puesto de ventas.

IV. La cuarta parte se centrará en mis fracasos/aprendizajes en la negociación y el análisis retrospectivo de por qué no funcionó.

V. ¡La última parte estará dedicada a nociones más avanzadas para pasar al modo experto!

A tener en cuenta antes de negociar:

1- No es ser tacaño para negociar (incluso pequeñas cantidades) Recuerde que cada euro que gane por un lado mejorará sus condiciones de vida por otro. Aproveche todas las oportunidades.

2- Nadie nace siendo negociador, algunos están predispuestos, otros no tanto. Sin embargo, todo el mundo puede hacerlo.

3- Ser bueno para hablar no significa saber negociar.

4- Todos tenemos dos orejas y una boca por lo que escuchamos el doble de lo que hablamos.

5- Salvo en muy raras ocasiones, la agresividad y la condescendencia no le ayudará a conseguir nada de su interlocutor.

6- Sea ambicioso. Empiece siempre con grandes expectativas.

7- Defina objetivos cuantitativos y/o cualitativos, esto es importante para el futuro.

CAPÍTULO 1
Tácticas básicas

En este capítulo veremos las tácticas básicas que pueden utilizarse solas o combinadas. La ventaja de combinar varias tácticas básicas es que aumentará su porcentaje de posibilidades de obtener un mejor resultado.

Se darán ejemplos concretos de la vida real para ilustrar mejor las explicaciones.

Cuando le hablo de estas 3 tácticas básicas, puede sentir que estoy abriendo puertas. Sin embargo, ¡no es el caso! Aunque piense que es fácil, lo invito a leer los ejemplos concretos asociados a cada técnica y a plantearse sistemática y objetivamente las dos preguntas siguientes: "¿Lo estoy haciendo realmente?" "¿Cuáles son las próximas situaciones en las que podría hacerlo?"

Táctica individual 1
ATREVERSE A PREGUNTAR

En la vida cotidiana, la gente piensa que sólo se debe hablar de precios para ciertas compras o para ciertos servicios. ¿Por qué este prejuicio?

Es cierto. ¿Cuántas veces ha oído a la gente pedir un pequeño esfuerzo en el precio en una zapatería, por ejemplo, en una panadería, en una tienda de ropa o en un restaurante?

De hecho, la mayoría de nosotros somos demasiado tímidos para hacerlo, o tenemos miedo de ser vistos como tacaños o mezquinos.

Francamente, ¿qué cuesta preguntar si es posible un descuento? Aunque algunos intentos no tengan éxito, otros lo tendrán, y si gana 5, 10, 20 o 30 $/€ cada vez, funcionará. Con todo, puede llegar a ser un buen monto si se suman todas estas "pequeñas ganancias" a lo largo de todo un año.

EJEMPLO #1

Trajes de baño

Hace algún tiempo, quise comprar dos trajes de baño. Así que fui a una tienda (no durante el periodo de rebajas) y empecé a centrar mi conversación con la vendedora en un traje de baño cuyo color y diseño me gustaba.

Una vez elegido el primer bañador, le dije a la vendedora que dudaba si comprar un segundo (por supuesto, desde el principio quería absolutamente un segundo bañador, pero el vendedor no lo sabía).

Mi duda sobre el segundo traje de baño "encendió" una pequeña señal en la cabeza de la vendedora: "¡Puedo vender un producto más que no estaba previsto!

Unos instantes después, le pregunté a la vendedora: "Si me llevo dos, ¿me darás un mejor precio?

La vendedora respondió positivamente y me ahorré 10€.

Y no estamos hablando de trajes de baño HERMES o LOUIS VUITTON. Cada traje de baño costaba 25 euros.

Puntos clave

Atreverse a preguntar.

Saber cuál es el objetivo. Antes de entrar en la tienda, sabía desde el principio que quería comprar 2 trajes de baño.

<u>No hay que confundirse.</u>

Si el objetivo al entrar en la tienda es comprar un traje de baño y sale con dos, aunque le hagan un descuento de 10 euros, ¡en realidad no hemos ahorrado dinero! Gastamos más de nuestro presupuesto inicial, ya que sólo queríamos un traje.

Quiero destacar aquí la importancia del objetivo inicial (yo quería 2 trajes de baño desde el principio), porque permite pensar de forma más "estratégica", lo que suele conducir a resultados mucho mejores y más consistentes.

Sin embargo, negociar también es improvisar y, como verá más adelante en el libro, algunas técnicas pueden utilizarse con o sin preparación.

EJEMPLO #2
El par de zapatillas

Realicé un viaje de fin de semana a lo de mis suegros en Alemania buscando un par de zapatillas. Mi objetivo era comprarme unas Converse (por primera vez en mi vida a pesar de mi edad)

Decidí comprarlas en Alemania porque, en algunos productos, los precios al otro lado del Rin son mucho más bajos que en Francia. Hay dos razones para ello:

1 - El mercado es mayor que el de Francia porque hay 84 millones de habitantes.

2- Las empresas alemanas son extremadamente poderosas e inflexibles a la hora de comprar. Esto les permite obtener un buen margen y tener precios más baratos que en Francia.

En este caso, las zapatillas ya estaban agotadas a 65 euros. Cuando recogí el par, noté un pequeño rastro de pegamento en la parte delantera del zapato. Empecé a frotarlo con el dedo y se fue sin problemas. Fui a la caja y le dije al encargado que quería un descuento extra por la marca de pegamento. Esperaba un rechazo, pero ocurrió lo contrario:

1 - El encargado tomó una mini esponja para eliminar los restos de pegamento en menos de 20 segundos.

2 – Realizó igualmente un descuento de 15 euros.

¿Qué cree que habría pasado si no me hubiera atrevido a preguntar?

Puntos clave

Atreverse a preguntar.

El hecho de que ya haya un descuento no significa que no podamos conseguir otro.

EJEMPLO #3
Pasteles en la panadería

Último ejemplo de la táctica "Atreverse a preguntar".

No hace mucho, quise comprar una tarta (una tropézienne) porque nos invitaron a casa de un amigo. Resulta que la panadería no tenía el tamaño de tarta que yo quería. Para ofrecerme una alternativa, el pastelero me sugirió 2 tartas (también tropezienne) de un tamaño más pequeño para que hubiera suficientes rebanadas para todos los invitados.

Resulta que el precio combinado de las 2 tartas era más alto que el precio de la tarta grande, pero no tenía muchas opciones ya que me había comprometido a llevar una tarta tropezienne....

Claramente le pedí un descuento. El panadero aceptó venderme las 2 tartas al mismo precio que la grande.

Entonces se me ocurrió una idea para intentar aligerar aún más la factura. Era el final del día, el día siguiente era festivo, así que le sugerí al panadero que hiciera un pequeño esfuerzo extra ya que estaba "liquidando" sus existencias. ¿Sabes qué? Obtuve algo adicional.

Conclusión: Comimos más tartas que si hubiéramos comido una grande y además ganamos unos cuantos euros en el proceso (12€ frente al precio de 2 tartas + 5€ del gesto comercial)

Puntos clave

Atrévete a preguntar.

Utiliza el contexto a su favor. Esto se hizo porque era el final del día y la víspera de un día festivo. Este es un buen punto de partida para la siguiente táctica: "Vivir mi vida".

Podría haber escrito un libro entero lleno de ejemplos basados únicamente en la táctica "Atreverse a preguntar" porque la utilizo en innumerables ocasiones. Para comprar ropa, para tomar un café en un restaurante, en la tienda de vinos, etc. ....

Lo que me hace reír regularmente en retrospectiva es ver la cara de vergüenza de mis amigos y familiares cuando están conmigo y hago este tipo de peticiones en las tiendas. Pero al final, todos están contentos porque en 6 de cada 10 casos funciona.

Táctica individual 2
DIVIDIR LA DIFERENCIA EN 4

Bueno, espero que la expresión "dividir la diferencia" sea conocida por todos, ¡si no me sentiré aún más viejo de lo que dicen mis hijos!

Le diré la verdad: esta expresión es una auténtica farsa. Dividir la diferencia en una negociación significa necesariamente que una parte pierde algo y la otra no.

¿Me sigue, no? ¡Cree que me he caído de bruces y que si todo el mundo hace un esfuerzo es un buen negocio! Como se dice en inglés, es una situación WIN-WIN porque todos ganan. Déjeme decirle que esto es falso, muy falso.

Déjeme explicarle:

Empecemos desde el punto de vista del **VENDEDOR** con esta simulación.

Alguien vende una lavadora en Internet por 200 euros. Usted es **el COMPRADOR**, se reúne con él para ver la máquina.

Está interesado en la máquina y le pide al **VENDEDOR** que haga un esfuerzo porque su presupuesto inicial es de 150 euros. Le dice: "Dividamos la diferencia, le doy 175 euros".

En el 95% de los casos el **VENDEDOR** acepta, pensando que es un "WIN-WIN" porque todos han hecho un esfuerzo.

Siento decepcionarle, pero esto es completamente erróneo. El único ganador de la historia es **el COMPRADOR,** porque compra una máquina que se anuncia a 200 euros por 175 euros. El **VENDEDOR** ha perdido 25 euros mientras siente que ambos se han esforzado.

Ahora pongámonos en la perspectiva del **COMPRADOR** con esta otra simulación.

Quiere reservar una habitación para una fiesta familiar y tiene un presupuesto de 600 euros. Ha visto varias sedes, pero la que realmente le interesa cuesta 650 euros.

Usted concierta una cita con el **VENDEDOR**, todo está bien y llega a la discusión del precio. Con toda transparencia, le dice que tiene un presupuesto de 600 euros y le preguntas si puede hacer un esfuerzo. Y le contesta: "Le rebajamos el precio a la mitad", le ofrezco 625 euros.

Es cierto que, como **COMPRADOR**, ha ganado 25 euros en comparación con el precio del **VENDEDOR** si nos atenemos estrictamente a lo que he descrito en la simulación anterior. PERO, aun así ha gastado 25 euros más de lo que esperaba, **pero lo más importante es que** ¿quién puede decir que 625 euros era el precio más bajo al que podía llegar el **VENDEDOR**?

Voy a ser un aguafiestas de nuevo y decir que probablemente podría haber conseguido algo mejor que ese precio sólo por esa maldita diferencia.

Mi propuesta: **DIVIDIR LA DIFERENCIA EN 4**

En los siguientes ejemplos, me pondré sistemáticamente en la posición del comprador.

En la tercera parte del libro, tomaré algunas de las técnicas (incluida ésta) y explicaré cómo utilizarlas si es el vendedor.

EJEMPLO #1
El scooter

El año pasado quise comprar un scooter de segunda mano para mis viajes cortos.

Tenía un presupuesto muy bajo de 800 € para una 125 cm3, ni que decir que en el 80% de los casos los anuncios eran de scooters que habían tenido un accidente, con muchos kilómetros, sin llaves de repuesto, etc.

Estaba a punto de decidirme y aumentar mi presupuesto a 1.000 euros para intentar encontrar algo mejor. Entonces, un día vi un anuncio que respondía a mis expectativas. Pocos kilómetros, precio razonable, bien mantenido, revisado, ... Sólo tuve un pequeño problema con el precio ya que estaba se indicaba por 850 €.

Pedí una cita con el vendedor para ver el scooter y asegurarme de que todo era como se describía. El scooter era perfecto y 100% como se describía.

¡Así que era hora de empezar a dividir la diferencia!

Primer paso: Durante la reunión presencial, el vendedor me hizo entender (sin dar una cifra) que el precio era negociable.

No menciono mi presupuesto de 800 euros y le pregunto qué precio me podría hacer. Me dijo que podía hacer un esfuerzo y bajar el precio a 750 euros. ¡Genial! Eso ya era mejor que mi presupuesto de 800 euros.

En este punto podía estar contento porque el precio estaba por debajo de mi presupuesto. Sin embargo, todavía quería dividir la diferencia y no sólo en dos.

Segundo paso: dejé pasar un día, llamé al vendedor y le dije que su scooter me parecía muy bueno, que estaba interesado en él pero que mi presupuesto era de 600 €. Hubo un momento de silencio en el teléfono y el vendedor me dijo: "Escuche, le voy a decir un precio, tómelo o déjelo". Me ofreció 650 euros y eso fue todo.

Puntos clave

No revele su presupuesto al vendedor demasiado pronto.

Trabajar en dos etapas. Paso 1: ver cuánto esfuerzo está dispuesto a hacer el vendedor sin mencionar su presupuesto. Paso 2: Ofrezca "rebajar el precio a la mitad" PERO basándose en el precio ya rebajado por el vendedor.

EJEMPLO #2

Pequeños muebles en el mercado

En Lyon (mi ciudad natal), hay un mercado de pulgas permanente llamado "Les Puces du Canal". Es toda una institución, una salida familiar para los lioneses los domingos y es sobre todo un lugar donde se pueden encontrar muebles, vajillas, obras de arte, etc.

Estaba buscando un pequeño mueble para poner en la entrada de mi piso y no encontré nada atractivo en las tiendas tradicionales.

Encontré un mueble perfecto en el mercado de pulgas del Canal, que había sido renovado con mucho gusto y con una sutil mezcla de estilos. El precio era de 200 euros, lo que estaba bien para un solo mueble renovado, pero me pareció demasiado alto para un mueble a la entrada del piso.

Así que reduje el precio en cuatro con la misma técnica de siempre.

1 - <u>Dividamos la diferencia en 2</u>:

Le pregunto a la vendedora si el precio es negociable. Me contesta que sí y me dice que puede bajar el precio un 10%, es decir, 180 euros en lugar de 200.

2 - <u>Dividimos la diferencia en 4</u>:

Le digo a la vendedora que mi presupuesto es de 150 € y le propongo dividir la diferencia en 2 tomando como punto de referencia los 180 € anunciados.

Estuvo de acuerdo. Así que pagué 165 euros y gané 15 euros con respecto al descuento que estaba dispuesta a hacer.

Podría enumerar muchos más ejemplos de la vida real que han funcionado, pero estoy seguro de que ya lo ha entendido todo. La mayoría de los ejemplos que se dan son para productos, pero las técnicas también sirven para los servicios.

Es importante destacar que esta táctica es aún más poderosa cuando se combina con otras técnicas básicas o complejas, le daré, al final de los 2 primeros capítulos, algunas combinaciones ganadoras de técnicas según mi propia experiencia.

Tácticas simple 3
VIVIR MI VIDA

Esta táctica se encuentra en la encrucijada porque forma parte de los fundamentos de cualquier negociación, pero al mismo tiempo puede volverse muy compleja y confusa muy rápidamente. Por último, también abre la puerta al siguiente nivel (mi próximo libro, sin duda), ya que sienta las bases de todo lo relacionado con las técnicas de influencia para negociar mejor.

Al igual que las otras tácticas, ésta es aún más eficaz cuando se combina. Incluso añadiría que su función principal es actuar como potenciador y que trasciende el efecto de las otras técnicas.

Pregunta: ¿Ha oído alguna vez que es mejor comprar un vehículo de dos ruedas o un descapotable en invierno porque los precios son más bajos? ¿O le han dicho alguna vez que es mejor comprar una casa en invierno porque hay menos compradores en el mercado?

Creo que para la mayoría de ustedes la respuesta es sí. El contexto externo (temporada, situación económica, oferta y demanda) influirá en el vendedor y es importante tenerlo en cuenta, pero eso no es todo.

La táctica VIVIR MI VIDA le llevará a considerar el punto de vista de la otra persona. Si no está acostumbrado a hacer esto, le llevará algún tiempo acostumbrarse. Verá que, con el tiempo, esta técnica le permitirá improvisar en sus negociaciones "eligiendo" de la caja de herramientas diferentes técnicas en función del contexto y de la persona con la que esté tratando. También será una ventaja importante para preparar sus "grandes" negociaciones con antelación.

Proyéctese, póngase en el lugar de su interlocutor. Piense **con sinceridad** lo que le importa y trata de entender sus necesidades, lo que puede motivarles o molestarles. Pregúntese también qué factores externos harían que él/ella quisiera seguir su camino.

Cuando empecé a utilizar esta táctica hace más de 20 años, a menudo cerraba los ojos por un momento y me imaginaba realmente en el lugar de la persona con la que estaba hablando. Al hacer este ejercicio **con convicción**, puedo asegurar que se me han ocurrido ideas y argumentos relevantes que nunca se me habrían ocurrido. Al hacer esto repetidamente, no necesito hacer tanto esfuerzo para ponerme en el lugar de la persona con la que hablo, se ha convertido en algo natural.

EJEMPLO #1
La pantalla del ordenador

Quería comprar una pantalla de ordenador para trabajar a distancia. Tenía 2 opciones: comprar por internet y esperar 24 horas para la entrega o ir al centro comercial para ver las pantallas en vivo y comprar la pantalla directamente allí.

Tenía prisa, así que fui a una tienda. Cuando vienes a comprar una pantalla de PC a 150/200 euros, no hace falta decir que los vendedores no son muy entusiastas...

Intentemos ponernos por un momento en el lugar del vendedor:

- Su salario es fijo y está garantizado independientemente de las ventas.

- Recibe una "pequeña" bonificación extra cuando vende productos y esta bonificación varía según el tipo de producto y el precio de los mismos. (Con una pequeña pantalla de PC es un plus de unos pocos euros)

- Su poder de decisión para hacer descuentos es escasa.

- Es consciente de que la competencia en Internet es una amenaza para su negocio y su trabajo a largo plazo.

- También se enfrenta a la competencia interna, ya que los mismos productos se venden también en el sitio web de la tienda. Cuando el producto se compra directamente en la tienda web, no recibe su "pequeña" bonificación y esto también es una amenaza a largo plazo para su trabajo.

¿Qué pueden querer/necesitar?

1 - Clientes que no lo desprecien.

2 - Clientes que se toman el tiempo de escuchar sus consejos como un verdadero valor añadido y una marca de reconocimiento para él.

3 - Vender en la tienda para garantizar la sostenibilidad a largo plazo de la tienda física y su trabajo.

Cómo abordé la situación: intercambié con él de forma respetuosa, sin agresividad, y me tomé el tiempo necesario para escuchar sus consejos.

Cuando realicé mi elección, le dije directamente si podía hacer un pequeño gesto comercial en el producto, me lo llevaría directamente en lugar de ir a la página web de la tienda o a un competidor porque apreciaba su profesionalidad.

Obtuve un 10% de descuento.

<u>Puntos clave</u>

El respeto y la escucha.

No pida un esfuerzo que la otra persona no pueda hacer.

Cuando lea este ejemplo, todo el proceso puede parecer un poco engorroso, pero le aseguro que después de unos cuantos intentos, se sentirá cada vez más cómodo y le saldrá de forma natural.

EJEMPLO #2

El sofá

En muchas ciudades francesas, siempre hay una zona en la que se concentra una gran cantidad de vendedores de sofás, cocinas equipadas, muebles, etc.

En la mayoría de las tiendas de sofás (al igual que en las de cocinas) ya obtienes un descuento antes de entrar por la puerta de la tienda. El juego consiste en mostrar precios elevados y ofrecer al cliente un súper descuento para halagar su ego y hacerle sentir que está haciendo un gran negocio. Sinceramente, esta técnica me parece totalmente lamentable, pero debe funcionar, si no, habrían dejado de hacerlo hace mucho tiempo.

Así que aquí estoy, yendo a comprar un sofá. Después de comparar precios, elegí un hermoso sofá de cuero y nobuk. El vendedor me dice que hay una gran promoción que no hay que perder y me ofrece un 40% de descuento en el precio si me decido ya.

Pongámonos en su lugar:

- En este tipo de tienda, los vendedores tienen un salario fijo relativamente bajo y un sistema de incentivos de comisiones sobre las ventas.

- Está rodeado de competidores, en algunos de los cuales incluso se puede dejar el coche en el aparcamiento de la tienda y llegar andando.

- Su mega descuento ligado a la operación "promo" le da la ventaja de decirle al cliente que ya ha hecho un gran esfuerzo.

- Tiene cierta autonomía y en estas tiendas el propietario/gerente suele estar presente en caso de que el vendedor necesite ayuda.

- Importante: Era enero, después de la euforia de las fiestas, la gente gasta mucho menos y para un vendedor es el momento en que todos los contadores se ponen a cero. Es como empezar de cero, independientemente de si tuvo un buen o mal año el anterior. Con cada nuevo año, tiene que (re)probarse a sí mismo.

¿Qué pueden querer/necesitar?

1 - Clientes que no lo desprecien.

2 – Vender, porque una buena parte de su sueldo a final de mes (trimestre) dependerá de sus ventas.

3 - Cerrar la venta inmediatamente porque el riesgo de que un cliente potencial se vaya y no vuelva nunca es alto.

Le digo al vendedor que no estoy 100% seguro.

Cómo abordé la situación: le dije que estaba dudando con otro sofá que acababa de ver y que probablemente volvería a la otra tienda para verlo de nuevo.

Le pregunto si está seguro de que éste es su último precio.

→ 1 - Acepta hacer un esfuerzo adicional y me ofrece un - 45%.

Nos sentamos a redactar la hoja de pedido y me pide un depósito del 30%. Le ofrezco darle inmediatamente un depósito del 50% en lugar del 30% si hace un gesto comercial adicional.

→ 2 - Baja al - 50%.

La hoja de pedido está lista, como vivo un poco lejos de la tienda, se había olvidado (¿omitido a propósito?) de decirme que había gastos de transporte por la distancia. Le digo claramente que no puedo aceptar. Me dijo que no podía hacer nada, así que le pedí que fuera a hablar con su jefe y le explicara la situación.

→ 3 - Vuelve unos minutos después y me dice que ellos se hacen cargo de los gastos de envío. Eso es alrededor del 3% del precio del sofá.

Al tomarme el tiempo de pensar en lo que era importante para el vendedor y ponerme en su lugar pude desarrollar una secuencia que me hizo obtener mucho más que un cliente normal.

Al finalizar el pedido, el vendedor me dijo: "Estoy seguro de que estás en el negocio. En cualquier caso, si no lo estás, ¡tienes que dedicarte a esto!".

Este último ejemplo es también una pequeña muestra de algunas de las tácticas más complejas, como el "DAR Y RECIBIR", del que hablaré con más detalle en el próximo capítulo.

Por último, en las negociaciones comerciales se suele decir que el 80% del éxito está en la preparación. ¿Qué mejor manera de prepararse que ponerse en el lugar de la otra persona?

COMBINAR TÁCTICAS SENCILLAS

Para este final de capítulo, comparto con usted las combinaciones de tácticas sencillas que, según mi propia experiencia, funcionan mejor. Por supuesto, hay muchas posibilidades, pero es usted quien debe probarlas.

Combo #1

"ATREVERSE A PREGUNTAR" + "DIVIDIR LA DIFERENCIA EN 4".

1 - Pedir un esfuerzo, sin especificar su presupuesto, a menudo le permitirá obtener un primer gesto del vendedor.

2 - Una vez que el vendedor haya bajado el precio, siga con su presupuesto e inicie la táctica de dividir en 4 <u>tomando como punto de partida</u> el precio que el vendedor acaba de bajar.

Combo #2

"VIVIR MI VIDA" + " ATREVERSE A PREGUNTAR " + "VIVIR MI VIDA" + « ATREVERSE A PREGUNTAR »

1 - Prepárese, conozca el contexto y lo que está en juego para su entrevistador. Sea un buen oyente sin perder de vista tu objetivo.

2 - Adapte su petición en función de lo que haya aprendido sobre su entrevistador, para que sea más relevante.

3 - Dependiendo de cómo se desarrolle la discusión, piense en qué otras palancas podría activar para conseguir un poco más.

4 - Vuelva a preguntar y proporcione argumentos que "resuenen" con las necesidades y expectativas de su interlocutor.

Combo #3

"VIVIR MI VIDA" + " DIVIDIR LA DIFERENCIA EN 4".

1 - Prepárese, defina un objetivo (cuantitativo o cualitativo) con varios umbrales según lo que conozca de las necesidades de su entrevistador

2 - Organice su estrategia y las exigencias de su "DIVIDIR LA DIFERENCIA EN 4 " según lo que ha preparado en el punto 1

Bien hecho, ha completado el primer capítulo sobre tácticas simples. Bienvenido al mundo de la negociación. No me canso de decirlo, ¡Comience porque no hay nada mejor que la práctica!

Por supuesto, al principio se sentirá un poco incómodo y le llevará algunos "golpes", pero al mismo tiempo, ¡Nada viene sin nada! Antes de que supiéramos montar en bicicleta, todos nos caíamos y bueno, aquí pasará lo mismo.

Me gustaría llamar su atención sobre algunos puntos:

- Cuanto más practique, más natural será este proceso y más poderoso y competente se volverá para negociar.

- Aunque empiece con una tasa de fracaso cercana al 90%, eso significa que habrá ganado algo en 1 de cada 10 casos. (Mejor que nada, ¿verdad?)

- Si quiere tomarse un descanso del libro y aprender las tácticas complejas un poco más tarde, no hay problema. Sin embargo, debería leer el cuarto capítulo sobre mis fracasos, ya que esto le evitará repetir algunos de mis errores.

CAPÍTULO 2
Tácticas complejas

Esta segunda parte se centrará en enfoques más complejos, ya que utilizarán muchas más sutilezas y técnicas que requieren más esfuerzos de preparación, así como el dominio de los fundamentos de la primera parte.

Aunque estas tácticas también pueden utilizarse en cualquier comercio, la mayoría de ellas serán relevantes para las "grandes" compras.

Es importante destacar que estas tácticas complejas se combinan casi necesariamente con tácticas simples y/u otras tácticas complejas.

Por último, las 3 tácticas que vamos a ver juntas son una especie de mini-introducción al mundo de la negociación "experta", de la que hablaré muy brevemente al final de este libro.

Táctica compleja 1
EL SILENCIO ES ORO

Empiezo con esta táctica porque está en el límite entre las tácticas simples y las complejas. He decidido ponerla dentro de las tácticas complejas porque implica varios puntos.

En primer lugar, es necesario haber iniciado una discusión/negociación para utilizar esta técnica y, por lo tanto, ya se ha puesto en marcha una táctica sencilla. En segundo lugar, es una cuestión de dosis, tiempo, psicología, "valor" y experiencia para sacarle el máximo partido.

Al igual que con las otras técnicas, lo más importante es lanzarse, y no importa si no funciona siempre o a la primera.

¿Ha vivido alguna vez situaciones en las que se produce un silencio prolongado? Para muchas personas esto es incómodo y es muy común que al cabo de poco tiempo uno de los participantes empiece a hablar para llenar la conversación, para llenar el vacío.

¿Conoce a personas más bien introvertidas, que hablan poco? Tal vez usted mismo sea de este tipo de personas. No siempre es fácil pasar tiempo con este tipo de personas porque hay largas pausas en las que no se dicen absolutamente nada. Aunque conozca bien a la persona, a veces esto puede hacerlo sentir incómodo y se siente obligado a "llenar" el vacío hablando.

Tanto si es introvertido como si no, le explicaré cómo esta técnica puede ayudarle a conseguir mejores tratos.

La táctica de "El silencio es oro" es sencilla. En algunas de sus negociaciones, se encontrará en un punto en el que ha pedido al vendedor que haga un esfuerzo y éste le dirá que NO.

Con el tiempo y la experiencia, según el tono, el contexto, el lenguaje corporal de su interlocutor, podrá reconocer si este NO es definitivo o si hay una pequeña apertura.

Si el vendedor le dice que NO, utilice la táctica "El silencio es oro" y no diga nada. Aunque le lleve 20, 30 o 40 segundos, déjelo hasta justo después de que le haya dado una respuesta negativa.

Antes de que formulara este NO, todo iba bien, intercambian de forma fluida, amistosa y sin roces porque tenían un interés común. El hecho de que deje que este silencio se imponga después de este NO le aportará al **menos 4 ventajas:**

1 - Rompe el ritmo y (re)toma la iniciativa indicando, inconscientemente, al vendedor que eres tú y sólo tú quien decide. El asistente de ventas tiene un objetivo principal: ¡Venderle! Hasta ahora, la fluida discusión con usted le permitió ver que se acercaba a su objetivo. Si se rompe este ritmo, todo se vuelve muy incierto para él.

2 - Induce la duda en la mente del vendedor. Pensará: "¿Voy a perder al cliente? ¿No debería hacer algo?

3 - Dejará que el vendedor hable primero para romper el largo silencio. Llegados a este punto, algunos optarán por darle más argumentos para explicar ese NO, otros le propondrán soluciones alternativas y otros le dirán que por fin están dispuestos a hacer un esfuerzo porque sería una pena no hacer negocios con usted.

4 - Tiene tiempo para considerar sus otras opciones durante este silencio para seguir negociando, dejar de negociar o aceptar pagar el precio publicado si el vendedor no cambia de opinión.

EJEMPLO #1
El pequeño híbrido de Toyota

Queríamos comprar un pequeño Toyota híbrido usado con un presupuesto limitado. Era el verano de 2021, el mercado del automóvil estaba en auge, los coches nuevos tenían plazos de entrega de varios meses, lo que significaba que el mercado de coches usados estaba bajo presión.

No voy a dar más detalles sobre el contexto ya que volveré a este ejemplo más adelante en mis fracasos/aprendizajes porque no puedo decir que haya sido la mejor negociación.

En pocas palabras, sólo un coche de la flota de segunda mano del gran concesionario Toyota de la zona cumplía nuestras expectativas estéticas, presupuestarias y de kilometraje.

Al final de la "negociación", me sentí extremadamente frustrado porque todas nuestras peticiones habían sido respondidas con un NO franco y directo. Está claro que los concesionarios de la época no sabían a quién recurrir porque la demanda era muy alta.

Cuando firmé la hoja de pedido, volví a preguntar al vendedor si estaba seguro de que no quería hacer un esfuerzo. La misma respuesta: ¡NO! Teníamos el bolígrafo en la mano listo para firmar. Probé la táctica de "el silencio es oro" y durante muchos segundos hicimos una pausa.

Después de 20/30 segundos, todavía con este silencio ensordecedor, el vendedor empezó a golpear el teclado de su PC. Después de un minuto, me dijo: Sabes qué, no puedo hacer nada con el precio pero te ofrezco las alfombras, la matrícula del coche y el depósito lleno de gasolina a la entrega.

Es una pequeña victoria, pero ilustra el poder de la técnica "El silencio es oro". En el 95% de los casos, estoy dispuesto a apostar que la gente se habría resignado a firmar la hoja de pedido tal y como estaba.

EJEMPLO #2
El Bungalow

Hace tiempo, me fui un fin de semana con amigos a un camping en el sur de Francia. Me gustó mucho el lugar y los servicios ofrecidos, así que quise llevar a mi familia allí para las vacaciones de verano.

Todos sabemos que los campings de la Costa Azul están llenos en verano y que no necesitan perseguir a los clientes para ocuparse. En otras palabras, es (casi) imposible imaginar que se pueda negociar un precio durante este período.

No obstante, decidí probar. Es importante señalar que la decisión de venir a este camping la tomé yo y la comenté cara a cara con la persona encargada de las reservas durante nuestro fin de semana con amigos. Esto ocurrió varios meses antes del comienzo de la temporada alta.

Comienzo la discusión con la persona encargada de las reservas en el lugar, después de haber seleccionado el período, la ubicación, el tipo de Bungalow y los servicios adicionales de pago.

Evidentemente, había aplicado la táctica de "vivir mi vida" y podía ver en nuestra conversación que mis posibilidades eran escasas, sobre todo porque el poder de decisión de mi interlocutor era muy limitado. Sin embargo, detecté una motivación/satisfacción por su parte al ver que me gustaba el lugar y que quería volver con mi familia en verano.

Fiel a mí mismo, cuando firmé la reserva, apliqué la táctica de "Atreverse a preguntar" pidiendo muy directamente una rebaja en el precio dado que nos íbamos a quedar 2 semanas. La respuesta no se hizo esperar: "No puedo", dijo.

¡Importante! Mi interlocutor no dijo "no", sino "no puedo". La diferencia es importante porque indica que si fuera por él, probablemente haría algo. Aquí es donde hay que utilizar con sutileza la técnica "El silencio es oro" + "Vivir mi vida" para:

-1- Reflexionar sobre cómo quiere seguir esta discusión y posiblemente preparar otros argumentos,

-2- Dar tiempo a nuestro interlocutor para que se haga todas las preguntas a sí mismo.

Tras varios segundos sin intercambio, decido reanudar la conversación porque he tenido una idea durante este silencio. Además, creo que mi interlocutor no podrá hacer nada.

En este caso, le sugiero que nos dé el mismo modelo de bungalow pero en una ubicación mejor, cerca de la playa, de los restaurantes y de las zonas de juego de los niños y también le pido que nos ofrezca el servicio de limpieza al final de nuestra estancia.

Su respuesta: no puede hacer nada con el servicio de limpieza. Por otro lado, saca el mapa del camping y me muestra las mejores parcelas donde puede ofrecernos el mismo tipo de bungalow. Lo he validado sin dudarlo. Más tarde, cuando estábamos de vacaciones, me tomé la molestia de mirar la diferencia de precio entre las parcelas estándar y la que ella nos había dado. ¿Sabe qué? La diferencia era del 10%.

Los resultados de una negociación no se miden únicamente por los euros que se han ahorrado. Lo que hay que mirar es el panorama general.

Táctica compleja 2
DAR Y RECIBIR

Esta técnica es muy poderosa, pero requiere **siempre una cuidadosa preparación** y una combinación de muchas de las tácticas vistas anteriormente que se utilizarán a medida que evolucionen sus discusiones.

¡Si las técnicas anteriores eran relativamente accesibles, con ésta y la siguiente irá al nivel PRO!

Muchas cosas en nuestro mundo funcionan por intercambio. Damos dinero para comprar pan, los árboles capturan CO^2 para dar oxígeno, trabajamos para recibir un salario, damos amor para (¿intentar?) recibirlo, etc.

Esto no es una crítica al sistema, sólo una observación.

Así funciona también en las negociaciones. A menudo ocurre que, para tal o cual concesión, el vendedor exige que usted también haga algún esfuerzo.

Todo es cuestión de preparación y calibración.

Hemos tocado el tema de la preparación con la técnica "Vivir mi vida", pero podemos (debemos) ir mucho más allá si queremos sacar el máximo partido a nuestras negociaciones.

Para introducir el enfoque DAR Y RECIBIR, comenzaremos con una pequeña tabla que servirá de punto de anclaje.

Antes de cada negociación en la que quiera utilizar esta táctica, repase la tabla y escriba en las casillas lo que le venga a la mente cuando piense en la próxima reunión. Póngase en el lugar de sus negociadores intentando anticipar la mayoría de las exigencias que podrían hacer en la columna de la izquierda. A continuación, enumere sus argumentos y posibles concesiones para cada punto en la columna de la derecha.

ANTICIPARSE A LAS EXIGENCIAS DE CONCESIONES DE SUS INTERLOCUTORES	CONTRAPARTIDAS QUE SE DEBEN SOLICITAR PARA CADA CONCESIÓN (que usted realizará)
FÁCIL Y ECONÓMICO (para usted)	
COSTOSO PERO POSIBLE (para usted)	
INACEPTABLE (para usted)	

Regla nº 1: Nunca haga concesiones inmediatas. Siempre hay que responder a las peticiones de concesiones de la otra parte con (re)explicaciones específicas de por qué es difícil satisfacer sus demandas.

Al hacerlo, prepara psicológicamente a sus interlocutores para el resto de la discusión, haciéndoles comprender que tiene argumentos sólidos y que cualquier esfuerzo de su parte tendrá un "costo" / contrapartida.

Regla nº 2: Adapte tus contrapartidas a las concesiones que le piden. Durante su preparación, anticipó ciertas exigencias de sus contactos. PERO no todas tienen el mismo valor, no todas requerirán el mismo esfuerzo y no todas serán aceptables para usted.

Para cada una de las concesiones previamente identificadas, enumere al lado las contrapartidas que podría pedir a su cliente. Cuanto más importantes sean las exigencias de sus interlocutores, más importantes serán las contrapartidas que les pida.

Regla nº 3: Póngase límites a sí mismo ANTES de entrar en la discusión. En otras palabras, establezca un objetivo a alcanzar (o a no superar), si intuye que algunas de las exigencias de sus interlocutores van a estar por encima de lo que puede/quiere hacer. Enumérelos y sepa cerrar la puerta de forma firme y definitiva a sus interlocutores si se sobrepasan los límites. Es mejor no hacer un trato que hacer un mal trato.

Regla nº 4: ¡Haga todo lo posible por cerrar el trato el mismo día de la discusión! Prepare de antemano los elementos que podrían impedirle validar firmemente la compra o la venta. ¿Por qué es importante? Simplemente porque si no lo hace, significa que va a dar a sus interlocutores más tiempo para pensar en sus intercambios, con el riesgo de que le pidan más concesiones el día que se vuelvan a reunir para formalizar su acuerdo. Y lo que es peor, si no es el único, otra persona podría aprovechar este momento para hacer el trato antes que usted.

Seamos claros, no estoy hablando necesariamente de firmar contratos o todos los documentos legales inmediatamente. Sólo tiene que asegurarse de que los términos de su acuerdo están fijados y validados por sus interlocutores. Un breve correo electrónico que resuma el acuerdo, o un compromiso moral claramente expresado por su interlocutor al final de la discusión, o unas pocas líneas en una hoja de papel A4 firmadas por usted y su interlocutor son todas las posibilidades para congelar un acuerdo.

He utilizado esta táctica muchas veces solo o con mis equipos en grandes negociaciones, pero también la he utilizado en mi vida personal para grandes compras. Puedo asegurar que en el 90% de los casos el resultado final fue mejor que el límite inferior que había fijado.

A pesar de su aparente complejidad, esta táctica también puede utilizarse en la vida cotidiana y, si se trata de una negociación "pequeña", puede prepararse rápidamente en su cabeza y repasar las 4 reglas.

EJEMPLO

Sería demasiado largo y complejo darles todos los detalles de una situación en la que utilicé esta técnica, pero les propongo a continuación una simulación del uso de la tabla para ilustrar su uso operativo.

ANTICIPARSE A LAS EXIGENCIAS DE CONCESIONES DE SUS INTERLOCUTORES	CONTRAPARTIDAS QUE SE DEBEN SOLICITAR PARA CADA CONCESIÓN (que usted realizará)
FÁCIL Y ECONÓMICO (para usted)	
Transferir las cuentas corrientes al nuevo banco.	* Tarjetas de crédito gratuitas durante un mínimo de 6 meses (intente solicitarlas durante 12 meses)
* Transferir el "Livret A" al nuevo banco".	* Reducción o anulación de las comisiones de mantenimiento de la cuenta de forma permanente.
COSTOSO PERO POSIBLE (para usted)	
* Tomar una nueva inversión.	* Para obtener garantías equivalentes o mejores, los precios de los seguros deben ser más competitivos que los que pagamos hoy.
* Sacar un seguro de vida o un plan de pensiones en el nuevo banco.	
* Cambiar las pólizas de seguro (coche, casa, ...) a las del nuevo banco".	* Vales de regalo del banco si abrimos una nueva inversión.
INACEPTABLE (para usted)	
Pagar comisiones de mantenimiento de cuenta muy elevadas.	* Posibilidad de tener un préstamo flexible (sin cambiar el tipo pero aumentando la duración)
* Tomar un préstamo a tipo variable.	* Si se trata de una cuenta "PEA" o de valores, negocie una reducción de las comisiones de intermediación y de gestión de la cuenta.
* Sacar una hipoteca".	

Táctica compleja 3
JUEGO DE ROLES

¿Se ha encontrado alguna vez en una situación con su cónyuge o sus hijos en la que le hayan dicho: "No demuestre que está interesado o el vendedor no nos hará un descuento"?

¿O alguna vez ha puesto mala cara y ha "fingido" que encontraba un coche, un sofá, una casa, un piso, un cuadro, etc., que quería comprar un poco "malo" para no mostrar al vendedor que estaba muy interesado?

En estas dos primeras situaciones, diría que estas técnicas son casi inefectivas porque todo el mundo lo hace y la mayoría de la gente exagera la parte de "no estar interesado", lo que lo hace inauténtico.

Por último, ¿ha oído alguna vez que en la vida hay que ser uno mismo y que la ropa no hace al hombre? Estoy completamente de acuerdo con este punto de vista, sin embargo, nunca debemos olvidar algunos elementos que forman parte de nuestro subconsciente:

- Le guste o no, la gente lo juzgará y tardará un máximo de 10 segundos en categorizarlo (la mayoría de las veces este proceso se realiza de forma inconsciente)

Si se trata de un encuentro físico, su estilo de vestir, las primeras palabras que diga y a veces incluso su "olor" serán los principales criterios que llevarán a su interlocutor a clasificarlo.

Si es por teléfono, su voz, la entonación de sus primeras palabras, su estilo de expresión y, a veces, el ruido de fondo serán sin duda los factores "clasificadores" para su interlocutor.

Mi mensaje aquí es: **en una negociación ¡TODO CUENTA!**

Más allá de las técnicas y tácticas, tenga siempre presente que será rápidamente "juzgado" y "categorizado" sin que ello sea negativo. Sea consciente de estos elementos y utilícelos para reforzar su posición.

La táctica del "JUEGO DE ROLES" pretende ayudarlo a preparar su próxima discusión para acercarlo lo más posible a la situación real y poner a prueba sus argumentos, su estrategia y su postura.

Si son varios, también le permite jugar con el contexto y definir roles y acciones para cada uno de ustedes para reforzar el impacto de sus peticiones, para crear dudas en la mente de su interlocutor siempre con el mismo objetivo: comprar (o vender) mejor.

Punto importante: no le estoy pidiendo que se transformes, que reniegue de sus valores o que mienta. Lo que sí quiero es que conozca el contexto y lo que le puede favorecer o perjudicar.

En los siguientes ejemplos, me centraré deliberadamente en ejemplos muy sencillos, pero tenga en cuenta que, como todas las tácticas complejas, ésta es aún más relevante para las "grandes" compras/ventas.

EJEMPLO #1

El préstamo del apartamento

Como muchos de ustedes, cuando quisimos comprar nuestro apartamento, tuvimos que ir al banco para conseguir un préstamo. Empezamos con el proceso habitual de consultar a bancos, corredores, etc.

A continuación, seleccionamos las 3 ofertas más interesantes sin centrarnos únicamente en la tarifa, ya que no era el único criterio importante a nuestros ojos.

Hasta ahora, el proceso descrito es similar al que la mayoría de ustedes está experimentando o ha experimentado.

Por supuesto, las 3 reuniones se prepararon con un poco de "VIVIR MI VIDA" y "DAR Y RECIBIR", pero también con "JUEGO DE ROLES".

En efecto, en función de los objetivos que nos habíamos fijado y de los argumentos que habíamos previsto, nos pusimos "calientes y fríos" ante los banqueros.

No dudamos en oponernos durante la reunión con el banquero para infundir dudas en la cabeza de nuestro interlocutor. Entonces, unos momentos después, uno de nosotros se ponía (virtualmente) del lado del banquero y le decía, por ejemplo, "ayúdame a convencerle de que eres tú el que debe firmar".

Como pueden imaginar, ¡se preparó absolutamente TODO con antelación!

No voy a entrar en detalles sobre lo que conseguimos, pero fue un gran negocio para nosotros. Puedo asegurar que el asesor bancario que nos siguió durante los siguientes 3 años no paraba de decirnos que teníamos un trato excepcional.

Por cierto, no nos centramos sólo en el tipo de interés, sino en toda la gama de lo que ofrece el banco (tarjetas, cuentas, seguros, etc.)

EJEMPLO #2

El par de zapatillas para correr

Me encanta este ejemplo. En realidad, no se preparó absolutamente nada. Nada de "JUEGO DE ROLES" u otras tácticas, todo fue espontáneo.

¿Por qué elijo entonces este ejemplo? Porque fue inspirador para el resto del proyecto y dio lugar a varios

"JUEGO DE ROLES" en la familia que sistemáticamente nos permitieron mejorar nuestra vida diaria o ahorrar dinero.

Ejemplo: Estoy motivado para apuntarme a una media maratón. Correr con regularidad puede ser traumático para el organismo debido a las micro vibraciones que cada zancada propaga por el cuerpo. Si conoces a los corredores o si tú mismo eres uno de ellos, sabes a qué me refiero. Además de escuchar a tu cuerpo y tomártelo con calma, el accesorio más importante es un buen par de zapatillas para correr.

Como corredor ocasional, solía comprar mis zapatillas en las cadenas de tiendas sin molestarme demasiado. Para mi preparación y esta distancia, fui en busca de un nuevo par de zapatillas un sábado por la mañana con una de mis hijas, de 8 años.

En la primera tienda, miro y me pruebo los zapatillas en una gran cadena de tiendas de deportes. Un momento de complicidad con mi hija, me da su opinión, me hace preguntas sobre los motivos por los que busco unas zapatillas y acabamos eligiendo un modelo. Sin embargo todavía tengo una pequeña duda. Quiero tener lo mejor para correr mis primeros 21 km.

No muy lejos de estos grandes almacenes, sabía que había una tienda especializada en running, así que decidí ir porque pensé que me asesorarían personalmente.

Fuimos a esta tienda y tras discutir con la vendedora, elegí un modelo. Fue entonces cuando mi hija me dijo delante de la vendedora: "Papá, ¿por qué te llevas estas? Las otras zapatillas de la otra tienda eran mejores y tenían una burbuja de aire", instintivamente respondo: "Tienes razón, mi elección aún no está hecha", entonces me dirijo instantáneamente a la vendedora y le digo: "¿Puede hacer un gesto sobre el precio?

Adivine qué, ¡obtuve un gran descuento!

Podríamos haber preparado este "JUEGO DE ROLES" aunque probablemente hubiera sido menos espontáneo y un poco manipulador con una niña de 8 años. En cualquier caso, la experiencia fue inspiradora. Además, ahora que mis hijos se acercan a la mayoría de edad, preparamos algunos "JUEGO DE ROLES" cuando alguna de nuestras compras (o ventas) lo requieren.

Esta táctica es una gran introducción a otras técnicas de negociación más avanzadas y si este primer libro encuentra su público, me tomaré el tiempo de escribir un segundo libro sobre el nivel experto de negociación para compartir estas otras tácticas con usted.

COMBINAR TÁCTICAS COMPLEJAS Y SIMPLES

En cuanto al final del primer capítulo, le daré algunas de las combinaciones que mejor han funcionado.

Como siempre, hay muchas posibilidades y no todo acaba con las tácticas de este libro.

Combo #1

"DAR Y TOMAR" + " JUEGO DE ROLES"

1 - Prepare su tabla de "DAR Y TOMAR" solo, con tu familia o con su equipo haciendo un buen "brain stroming" para identificar un máximo de posibilidades sobre los argumentos, las concesiones y los límites a establecer.

2 - Divida los papeles en el "JUEGO DE ROLES" para dar más peso a sus argumentos o para enfatizar el impacto de una concesión. Algunos le dirán que basta con jugar "bueno y malo" pero su táctica será mucho más sofisticada porque la organizarás gracias al "DAR Y TOMAR".

Combo #2

"ATREVERSE A PREGUNTAR " + "DAR Y RECIBIR" + "EL SILENCIO ES ORO"

1 - Como ya hemos visto, no debe dudar en utilizar "ATREVERSE A PREGUNTAR" a diario. Una vez realizado el ejercicio de preparación con "DAR Y RECIBIR", debería tener la confianza necesaria para saber qué pedir y en qué momento.

2 - Adornar sus secuencias con la táctica del "SILENCIO ES ORO" para ceder lo menos posible si tiene que hacer concesiones y, sobre todo, para obtener algo a cambio de sus interlocutores por cada esfuerzo que hagas de tu parte.

Combo #3

"DAR Y RECIBIR" + "DIVIDIR LA DIFERENCIA EN 4".

Como puede ver, la técnica "DAR Y RECIBIR" es una verdadera "plataforma" para utilizar todas las demás técnicas aprendidas anteriormente.

1 - Al preparar su futura discusión con "DAR Y RECIBIR" anticipe posibles concesiones con el objetivo de obtener las mejores contrapartidas posibles.

2 - La táctica "DIVIDIR LA DIFERENCIA EN 4" le ayudará a conseguir que la otra parte le dé más a cambio del esfuerzo que tendrá que hacer. En otras palabras, le beneficiará más que la otra parte porque estará preparado y porque sabrá exactamente dónde están sus límites.

3 - ¡"DIVIDIR LA DIFERENCIA EN 4" puede ser un proceso iterativo! Esto significa que puede utilizarla una y otra vez y de diferentes formas (si utiliza "DIVIDIR LA DIFERENCIA EN 4" en la misma negociación, recuerde cambiar su redacción para que su interlocutor no pueda identificar que está utilizando la misma técnica)

Este es el final de este capítulo. Aunque he descrito estas técnicas como complejas, ¡no lo son tanto! Como siempre, se familiarizará con estas tácticas practicando y forzándose a hacerlas al principio. Con el tiempo, los utilizará total o parcialmente sin darse cuenta y obtendrá resultados tangibles.

Como habrá notado, comencé este libro con un enfoque en el que usted estaba en el papel del comprador, sin embargo, a medida que los ejemplos avanzaban, a veces mencionaba que su posición inicial podía ser la del comprador O la del vendedor.

En el próximo capítulo, revisaremos algunas de las tácticas, esta vez desde el punto de vista del vendedor. En efecto, ganar poder de compra significa también vender a un precio más alto, por lo que tiene sentido querer utilizar estas mismas técnicas para realizar sus ventas al mejor precio.

CAPÍTULO 3
La posición del vendedor

La mayoría de las técnicas que hemos tratado anteriormente pueden utilizarse independientemente de su posición en la discusión. También deben permitirle anticiparse y contrarrestar a los interlocutores que utilizan estas técnicas frente a usted.

Los puntos destacados al final de la introducción, en el párrafo "A tener en cuenta antes de negociar", siguen siendo válidos cuando se es vendedor. Así que no los repasaré de nuevo.

Repasemos cada una de las tácticas y permítame explicarle los beneficios si está en el puesto de vendedor. En muchos casos, se dará cuenta de que algunas técnicas pueden ser contrarrestadas por otras.

1 - "ATREVERSE A PREGUNTAR".

Si usted es un vendedor y su precio se conoce de antemano, no tiene sentido utilizar esta táctica. Por otra parte, el hecho de conocer esta técnica puede ayudarle a anticiparse al hecho de que algunos de sus compradores la utilicen.

Mi recomendación en este caso si es vendedor: Prepare sus argumentos y sus posibles concesiones y peticiones de compensación utilizando "DAR Y RECIBIR" y "VIVIR MI VIDA".

Si usted es el vendedor y el precio no se conoce de antemano, puede utilizar "ATREVERSE A PREGUNTAR" para fijar un precio más alto, este enfoque debe manejarse con cuidado porque si comienza con un precio atípico la venta se acabará antes de empezar.

Mi recomendación en este caso: Combine "VIVIR MI VIDA" para fijar el precio de salida y utilice "DAR Y RECIBIR" para conducir el resto de la discusión.

2 - "DIVIDIR LA DIFERENCIA EN 4".

Esta táctica puede utilizarse sin duda del lado del vendedor, pero no de la misma manera que cuando se está en el lado del comprador. La ventaja es que lo conoce y puede adaptar su estrategia en consecuencia.

Primera opción: anticiparse fijando un precio más alto al principio para asegurarse de que si su contraparte se embarca en esta táctica de "DIVIDIR LA DIFERENCIA EN 4", el precio final que habrá dado estará al nivel del precio que había fijado como objetivo.

Mi recomendación: Utilice "VIVIR MI VIDA" para fijar el precio de salida y, por qué no, "EL SILENCIO ES ORO" o "DAR Y RECIBIR" para obtener concesiones.

Segunda opción: su cliente le dice su presupuesto desde el principio, le ofrece reducir el producto a la mitad, usted le concede un descuento (menor) reduciendo el producto en cuatro. Por ejemplo, el producto se anuncia a 500 euros, el cliente tiene un presupuesto de 400 euros y le ofrece reducir el producto a la mitad a 450 euros. Se niega y ofrece reducir el producto a la mitad, a 475 euros. Sigue perdiendo 25 euros como vendedor, pero limita sus pérdidas.

Mi recomendación: utilice "DAR Y RECIBIR" para obtener otra devolución de los 25 euros que ofreció al cliente, si es posible.

3 - "VIVIR MI VIDA" – "EL SILENCIO ES ORO"

"DAR Y RECIBIR" – "JUEGO DE ROLES"

Estas cuatro técnicas son tácticas espejo, es decir, pueden utilizarse indistintamente en la posición del vendedor o del comprador. Como antes, pueden (y deben) combinarse con otras técnicas para revelar toda su eficacia.

Con "VIVIR MI VIDA", el vendedor estará a la escucha del cliente y, para los más experimentados, habrá podido observar y recoger todas las señales débiles que le permitirán extraer los argumentos y las tácticas adecuadas en el momento oportuno.

Para "EL SILENCIO ES ORO", ya hemos visto antes lo útil que es en combinación con otras técnicas para recuperar el control de la discusión.

Por último, tampoco debería tener problemas para proyectarse como vendedor utilizando las técnicas "DAR Y RECIBIR" y "JUEGO DE ROLES".

CAPÍTULO 4

Lo que aprendí de mis fracasos

Hace unos 15 años leí un libro de un autor estadounidense sobre cómo ser más performante que los demás. Uno de sus primeros consejos fue: "Aprenda a explorar las tumbas". Insistía en el hecho de que a veces se aprende más de los fracasos que de los éxitos.

Los tres primeros capítulos son importantes, pero no sirven de nada si no les cuento mis fracasos, lo que aprendí de mis negociaciones fallidas.

Por supuesto, esto no es exhaustivo y todavía hay muchos errores que no he cometido. El objetivo es ahorrarle tiempo para que no tenga que tropezar con los mismos obstáculos que yo.

Comentario 1:
Sea ambicioso, sí. Pero no de cualquier manera.

En algunas de mis negociaciones, he planteado exigencias tan elevadas que mis interlocutores ni siquiera se han molestado en responder.

Es posible que usted mismo haya experimentado este tipo de situación como vendedor. Por ejemplo, tiene un puesto en un mercado local o pone un anuncio en Internet y entonces alguien le ofrece un precio ridículamente bajo. Como vendedor, se molesta y rara vez está dispuesto a hablar con la persona después.

Perdí algunas grandes oportunidades porque mi requisito básico era totalmente inapropiado. Gracias a "VIVIR MI VIDA" y "JUEGO DE ROLES", ahora sé mucho mejor dónde puedo situar mi ambición.

Observación #2:
Elija sus batallas.

Un poco como la observación anterior, si quiere demasiado, acaba sin nada. Hay situaciones en las que he querido ganar en todos los frentes y al final o lo he perdido todo o no he conseguido nada de mi interlocutor. Por eso creé la técnica "DAR Y RECIBIR", porque a veces hay que perder ciertas batallas para conseguir la victoria final.

No se trata del trillado concepto Ganar/Ganar. Lo importante es que sus interlocutores tengan una percepción positiva de su acuerdo. Si, en una gran discusión, sienten que tienen que hacer todo el trabajo, no llegará muy lejos.

Observación nº 3:
Sea respetuoso, sincero y directo.

Ha habido ocasiones en las que he abordado ciertas discusiones como comprador o vendedor con condescendencia hacia mi interlocutor. Los efectos fueron devastadores y puedo asegurar que la persona que estaba delante de mí se empeñó en no soltar un centavo a mi favor.

Por otro lado, también soy conocido por exagerar y ser demasiado "dulce" con un montón de palabrería antes de entrar en la discusión real. Tampoco en este caso se consiguió el efecto deseado, sino todo lo contrario. O bien mis interlocutores consideraban que sonaba falso y no tenían confianza, o bien mis interlocutores me consideraban "débil" y se sentían lo suficientemente fuertes en su posición como para no esforzarse.

Aquí también tuve algunas buenas "bofetadas" y algunas grandes decepciones. Después de todo, me lo merecía.

Con el tiempo me he vuelto más directo, más claro en mis intenciones y más genuino con mis interlocutores sin ser irrespetuoso.

Observación nº 4:
Informar, orientar a mis familiares o a mi equipo.

Un pequeño ejemplo para este punto. Este fin de semana estuve con mi mujer en el DARTY para comprar un monitor de ordenador (no el mismo que en el capítulo 1). Optamos por ir a la tienda porque lo quería de inmediato.

Elegimos una pantalla DELL por 189 € y fuimos a ver a la vendedora. Nos dijo que no tenía más existencias pero que podía ofrecernos una alternativa, una pantalla de PHILIPS con mejores prestaciones pero a 209 €.

Ya tenía mi plan de negociación en mente: iba a hablar del competidor de la FNAC, de Internet y conseguir que llamara a su representante para que hiciera un gesto comercial.

Empecé con "ATREVERSE A PREGUNTAR" diciendo "queremos el DELL a 189 € y nos ofrece el PHILIPS a 209 €, ¿puede hacer un gesto por la diferencia de precio?"

La vendedora respondió: "¡No puedo hacer nada con el ordenador!

Iba a seguir con el resto de los argumentos pero mi mujer me dijo delante de la vendedora "deja de molestarla, no pasa nada me lo tomo así". Si hubiera informado a mi mujer antes de la discusión con la vendedora, me habría dejado seguir adelante y nos habríamos ahorrado, estoy seguro, 20 euros.

Sólo estamos hablando de 20 euros, pero sigue siendo mejor en nuestro bolsillo que en el de otro. Además, habríamos pagado por una pantalla mejor al precio del DELL.

De todos modos, sé que mis familiares se sienten regularmente incómodos cuando empiezo con "ATREVERSE A PREGUNTAR", lo que explica la actitud de mi mujer a pesar de que sabe que lo hago siempre.

En retrospectiva, no todo está perdido:

- La vendedora nos dio una pista cuando dijo que ella misma no podía hacer nada en materia de informática. Esto implica que los vendedores de DARTY tienen margen de maniobra a su nivel para otras categorías de productos.

Observación nº 5:
Deje siempre una salida.

En varias negociaciones, me he visto obligado a encerrarme en una postura o a formular mis exigencias sin ninguna alternativa para mí o para mi interlocutor. En este caso: ¡se trata de hacer o deshacer!

Por ejemplo: "tómalo o déjalo" - "esta es mi última oferta"

Me he mordido los dedos en varias situaciones porque estaba desesperado por comprar o vender a mi interlocutor, pero con este discurso, difícilmente podría volver atrás y reabrir el intercambio de forma constructiva.

En efecto, al tener este tipo de postura ya no deja elección a su interlocutor y tampoco a sí mismo.

Si su interlocutor le dice que no y usted cambias de postura, sentirá que pierde la cara, lo que podría ser visto como un signo de debilidad. O la otra persona dará por terminada la discusión porque le parece indecente su petición y su postura.

Tomemos el ejemplo de la Scooter en la táctica "DIVIDIR LA DIFERENCIA EN 4" del capítulo 1. Con el primer gesto del vendedor, ya estaba satisfecho, ya que 750 euros era mejor que mi objetivo inicial de 800 euros. Cuando le llamo para "DIVIDIR LA DIFERENCIA EN 4", le digo que mi presupuesto es de 600 euros. Si al final de mi frase hubiera añadido una expresión como "tómalo o déjalo", habría acorralado a mi interlocutor y el acuerdo no se habría cerrado. No lo hice porque ya sabía que, fuera cual fuera su respuesta, la iba a aceptar porque ya había conseguido mi objetivo. ¡Con "DIVIDIR LA DIFERENCIA EN 4" todo lo que viene después suele ser un "plus"!

No digo que cerrar la puerta y mantenerse firme sea un mal enfoque. Por el contrario, permite utilizar todas las variantes de la técnica "DAR Y RECIBIR". Sin embargo, es una cuestión de experiencia, de tiempo, de dosis y de los objetivos que se haya marcado.

Observación nº 6:
El poder de las marcas. El poder de la oferta y la demanda.

Hay algunas negociaciones en las que he agotado el sol y ahora sé que es inútil intentar negociar.

Por ejemplo, quería un modelo específico de teléfono una marca famosa, los productos se agotan regularmente. Probé varias veces " ATREVERSE A PREGUNTAR ", "VIVIR MI VIDA" o "DAR Y RECIBIR" y rápidamente me di cuenta de que cuando nuestra elección está hecha y la marca es poderosa, no conseguiré absolutamente nada. Hay momentos en los que es inútil intentar negociar.

Recuerde el ejemplo del pequeño Toyota Hybrid en la táctica "EL SILENCIO ES ORO". Es cierto que el vendedor nos ha regalado algo. Queríamos este coche y no otro porque todo coincidía (color, modelo, kilometraje, precio, ...) Lo que no les he contado es que el vendedor nos hizo esperar 1h30 antes de atendernos porque estaba desbordado de clientes.

Cuando se tiene a una pareja esperando al vendedor durante hora y media en un concesionario en medio de un polígono industrial con sólo una máquina de café (y aire acondicionado) para atenderles, es fácil ver dónde está la lucha de poder entre los compradores y el vendedor.

Como he mencionado, en el verano de 2021, el mercado de automóviles estaba en auge = La oferta y la demanda estaban desequilibradas.

Así que no esperaba absolutamente nada en términos de negociación, estaba frustrado y debo admitir que estoy satisfecho de haber obtenido algo gracias a la técnica "EL SILENCIO ES ORO".

Comentario #7:
Salir con una explosión.

A veces entraba en negociaciones (grandes o pequeñas) con poca o ninguna preparación. La mayoría de las veces no salió bien y, aunque comprara o vendiera, en retrospectiva me di cuenta de que podría haberlo hecho mucho mejor si me hubiera preparado.

En algunos casos bajé demasiado el precio, pero eso se debió a que no me había fijado ningún límite antes de iniciar las conversaciones.

En otros casos, no vendí a un precio lo suficientemente alto porque me di cuenta después de que si hubiera trabajado de antemano, podría haber recopilado información y preparado una táctica para empezar con un precio más alto.

Por último, en otras ocasiones, simplemente gasté más del presupuesto que me había fijado porque no había investigado lo suficiente y no había establecido ningún límite.

Comentario #8:

A veces la ropa hace al hombre.

Tengo algunas malas experiencias sobre el tema, voy a compartir un ejemplo que recordaré durante mucho tiempo...

Estaba buscando una hermosa lámpara de araña para nuestro comedor. El tipo de araña que se compra una vez en la vida.

Decidí ir a una conocida tienda de iluminación porque había encontrado la lámpara de araña perfecta. En ese momento, todavía tenía la ilusión de que la ropa no hace al hombre.

Aquí estaba, de camino a la tienda con unas viejas zapatillas de deporte, unos viejos vaqueros y una fea y anticuada camiseta. De todos modos, me dije que lo que importaba no era mi atuendo, sino que podía permitirme la lámpara de araña.

Tras apenas un minuto de conversación con una vendedora (que ya me había mirado bien de pies a cabeza) me dijo: "Sabe, esta es una gran lámpara de araña que está hecha para ir en pisos antiguos con techos altos. ¿Está seguro de que es adecuado para usted? No era mi primera experiencia, pero siempre es doloroso recibir ese tipo de comentarios.

Esta vendedora no era una profesional, lo reconozco, y conozco a mucha gente muy acomodada que se viste como puede. Sin embargo, este ejemplo ilustra muchas situaciones que he vivido u observado y, finalmente: 1 - Quería esta lámpara de araña y no otra - 2 - Tenía la intención de conseguir un descuento.

Lo que hice: volví a la tienda con traje y corbata los días laborables después del trabajo. La vendedora seguía allí, pero fue su encargada quien me recibió cuando entré en la tienda. Puedo asegurar que el intercambio fue bastante diferente y no dejé de decirle que no estaba contento con la acogida que había recibido el fin de semana anterior durante mi primera visita. Utilicé este argumento para conseguir más.

Le guste o no, ¡la ropa hace al hombre!

Comentario #9:

Corazón roto = Peligro para la negociación efectiva

A veces estamos súper enamorados de un producto, un servicio, un apartamento, una casa, un coche, una moto, etc. ....

En la mayoría de los casos, cuando me vi obligado a negociar por algo que era un flechazo, fue muy duro.

¿Por qué? Porque en la mayoría de los casos, no quería en absoluto dejar pasar esta oportunidad, aunque significara menos negociación y menos presión para la otra parte.

Esto no es grave en sí mismo, pero sólo quiero llamar la atención sobre el hecho de que cuanto más limitadas eran mis alternativas, cuanto más emocional era el objeto de mis deseos, más complicado me resultaba negociar. No es imposible, por supuesto, pero sí más difícil.

Precisamente en este caso, la preparación, la dosificación de sus argumentos, su postura y su capacidad de adaptación serán ventajas para conseguir más.

Mi consejo: Si se trata de un flechazo, asegúrese de no encerrarse nunca ni poner en aprietos a su interlocutor y sea lo más directo posible.

Este capítulo termina con esta observación y es un excelente punto de partida para la última parte del libro, que le permitirá conocer conceptos de negociación más avanzados y las palancas que podrían permitirle convertirse en un experto.

Capítulo 5
Esto es sólo el principio

En los capítulos anteriores hemos visto que la negociación puede ser a veces compleja. Las herramientas que le he dado hacen que la negociación esté al alcance de todos. Con un poco de motivación para empezar a atreverse, verá rápidamente los resultados y será muy fácil.

En esta última parte, quiero darle una idea de las tácticas "expertas" que son una extensión lógica de lo que ha aprendido. Por experiencia, a medida que vaya practicando, tendrá nuevas necesidades y nuevas preguntas. Algunos incluso querrán hacer de esto su profesión o reforzar esta parte en su trabajo diario o en su vida personal.

No voy a mentirle, escribir un libro como éste lleva tiempo y energía, y aunque me divertí mucho haciéndolo, seguiré adelante y escribiré un segundo libro sobre tácticas "expertas" si, y sólo si, los comentarios de este primer libro son positivos.

Así podría ser el contenido del próximo libro:

- Tácticas de influencia

¿Cuáles son las diferentes tácticas que puede utilizar para influir en sus interlocutores en su proceso de toma de decisiones?

- Preguntas abiertas

Aprender a definir y utilizar preguntas abiertas para comprender e identificar mejor las necesidades de nuestros interlocutores.

- Adaptar su estilo

Saber identificar el estilo de nuestros interlocutores

Conozca su propio estilo

Adapte su estilo según el estilo de tus interlocutores o según el mensaje que quiera transmitirles (tono, agresividad, escucha, etc.)

- Identificación de señales débiles

Antes y durante sus intercambios, sus interlocutores le mostrarán señales débiles (lenguaje corporal, pequeños comentarios, insinuaciones, ...)

Sepa cómo detectarlos y utilícelos en su beneficio.

- Aprender a prepararse

Ya sea solo o en equipo, la preparación es esencial.

Tener las herramientas adecuadas, hacer las preguntas adecuadas.

- Mantener la realidad

Mantenga a sus interlocutores en su "campo de juego".

Alcance su objetivo lo antes posible.

Conclusión

Como preámbulo, le agradezco que se haya tomado el tiempo de leer este libro y espero sinceramente que no dude en poner en práctica estas tácticas.

He utilizado deliberadamente ejemplos reales de mi vida personal para que todos puedan identificarse y proyectarse en situaciones idénticas. Por supuesto, con más de 20 años de experiencia en los negocios, puedo asegurar que estas tácticas son igual de efectivas si tiene que utilizarlas profesionalmente y me llevaría muchos meses enumerar la cantidad de situaciones en las que las he utilizado.

Lo que no he mencionado aún es que nos hemos centrado en la negociación para comprar o vender pero muchas de estas tácticas pueden utilizarse en otros contextos porque a veces hay que negociar para conseguir un mejor lugar, devolver un producto, un servicio, etc.

Recuerde que los pequeños arroyos son los que hacen los grandes ríos y que no hay buenos ni malos negociadores. Atrévase a dar el paso, no se arrepentirá.

Termino el libro con algunos (no todos) de los ejemplos que he mencionado antes.

<u>Por orden:</u> El mueble - El scooter - Las Converse - El Toyota Yaris - La pantalla

 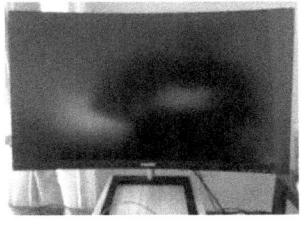

¡GRACIAS!

www.ingramcontent.com/pod-product-compliance
Lightning Source LLC
Chambersburg PA
CBHW070320220526
45465CB00013B/1828